AF231835

OPINION

DU CITOYEN

A. P. DE MOOR,

ADMINISTRATEUR

DU DÉPARTEMENT DES DEUX NÈTHES.

OPINION

DU CITOYEN
A. P. DE MOOR,

ADMINISTRATEUR
DU DÉPARTEMENT DES DEUX NÉTHES

Sur la ténue et les opérations des assemblées Primaires et Electorale

DE CE DÉPARTEMENT.

IL est de principe que pour bien établir son opinion, il faut en dévélopper les bases, et ne rien laisser ignorer à ceux qui peuvent en juger ; peut-être mes concitoyens me sauront gré de les avoir instruits des véritables causes d'un fait singulier, qui s'est passé sous leurs yeux, et dont les motifs leur sont inconnus.

Aux termes de l'article 5. de la loi du 9 vendémiaire an IV, sur la réunion de la belgique et du pays de liége à la République française, la majeure partie des ci-devant belges devait dès cette époque jouir de tous les droits de citoyen français, si d'ailleurs ils avaient les qualités requises par la Constitution.

Le danger de réunir en assemblées primaires les habitans d'un pays qui depuis deux ans n'avait cessé de gémir sous le fardeau et les vexations de tout genre inséparables du fléau de la guerre, les embarras d'ailleurs qui en seraient résultés pour les autorités constituées nouvellement établies, devaient sans doute engager la Convention nationale à porter la loi du 3 brumaire de l'an 4, qui rend communes à tous les Départemens réunis, les dispositions de l'art. 9. de la loi précitée du 9 Vendémiaire, par lequel les Représentans du Peuple envoyés dans la Belgique etaient chargés de nommer provisoirement les fonctionnaires qui devaient composer les Administrations de Département, celles de canton, et les tribunaux des pays de limbourg, de luxembourg, de maestricht, de Venloo, et de la ci-devant flandre hollandaise.

Le régime constitutionel nous mena naturellement à l'exercice des droits politiques dans les assemblées primaires et communales, dont l'époque est indiquée par les articles 27 et 28 de la constitution.

L'Administration centrale du Département des deux Nêthes, jalouse de faire jouir ses concitoyens de toute la plénitude de leurs droits, attendit vainement la publication des loix organiques sur les élections, et des instructions relatives aux conditions que l'acte constitutionel exige, mais que les ci-devant belges ne pouvaient pas toutes réunir.

Le *silence du gouvernement* l'obligea d'ordonner, le 4 pluviôse dernier, l'ouverture des Registres civiques à toutes les municipalités de canton, où devaient se faire inscrire les citoyens âgés de 21 ans accomplis, qui voulaient exercer leurs droits de citoyens français dans les assemblées primaires de l'an V.

Il était inutile d'exiger à cet effet, qu'ils eussent après l'inscription civique un an de domicile dans leur canton, puisque les municipalités constitutionnelles n'ayant été organisées dans les Départemens réunis que pendant le trimestre de nivôse de l'an 4, les registres civiques n'ont point été ouverts avant germinal de la même année, et c'est pour quoi le corps legislatif a dérogé à cette condition par la loi du 5 ventôse dernier, qui ne nous est parvenue que le 21 du même mois.

Une malheureuse apathie, et la répugnance que la plûpart des belges égarés manifesta pour la qualité de citoyen français, portérent les inscriptions civiques à un nombre si faible, que le 15 ventôse nous fûmes obligés d'écrire au ministre de l'intérieur que la commune d'Anvers, qui contient 56,000 ames, n'avait encore donné que trois cents inscrits.

Cependant, à force de peines et de moyens persuasifs que l'administration centrale employa, elle parvînt à faire cesser l'insouciance de ses administrés, et bientôt elle pouvait espérer que le nombre de citoyens inscrits au registre civique, aurait au moins fourni de quoi former une assemblée primaire par canton.

C'est ce qui donna lieu à son arrêté du 25 ventôse, qui fixe une assemblée primaire dans chaque canton, et lui assigne un local pour ses séances.

Jusques là, aucune réclamation. Le 28 ventôse seulement, l'administration ayant mandé à sa séance de ce jour, des députés de chaque municipalité de canton, afin de connaître s'il leur restait des doutes sur la tenue des assemblées primaires et communales, les municipalités d'Anvers et de Malines par l'organe de leurs députés, proposèrent à l'administration des doutes concernant l'inscription civique, fondés sur le § II, chapitre I de la loi du 5 ventôse, et l'invitèrent à prendre un arrêté qui puisse tracer invariablement la conduite qu'elles avaient à tenir à cet égard.

Embarrassés par le défaut d'instructions que nous n'avons cessé de demander au ministre, n'ayant pour guide aucune loi, aucune expérience dans cette matière, nous nous en référâmes à la constitution que tout fonctionnaire public a juré de maintenir, et l'article 8 nous obligea d'arrêter, que les municipalités ne pouvaient donner d'inscription civique que sur la présentation ou la demande de l'individu.

Cet arrêté servît de base à toutes leurs opérations ultérieures, et le 1 germinal les citoyens inscrits se réunirent en assemblées primaires indiquées par notre arrêté du 25 ventôse. Tout y allait parfaitement bien pour ce qui regarde la compétence administrative; mais en même-tems nous eûmes la douleur d'apprendre que dans les cantons de Contich, Berlaer, Eeckeren, Gierle, Westerloo, Heyst-op-den-Berg, Hoogstraeten, Herentals, Willebroeck, Wustwésel, et Géel, presqu'aucune inscription civique avait eu lieu, et que par conséquent il n'y avait point d'assemblées primaires dans ces lieux. Je maudis la funeste influence qui a égaré les braves habitans de ces contrées!

Les renseignemens qui nous parvînrent successivement des assemblées primaires en activité, annoncèrent un résultat définitif de 19 électeurs, qui auraient représenté une population de 250,000 ames.

L'administration du département, allarmée sur les inconvéniens et les suites nécessaires de cette fatale apathie, s'adressa dès le 4 germinal, au Corps législatif, pour demander s'il ne convenait pas, dans ces circonstances, de donner le droit de voter dans les assemblées primaires à tout citoyen *non inscrit*, pourvu qu'il réunisse d'ailleurs les autres conditions exigées par la charte constitutionnelle; elle fut informée indirectement que l'assemblée primaire de Malines avait fait la même demande, mais ces lettres restèrent sans réponse, et le Conseil des cinq-cents passa à l'ordre du jour sur plusieurs autres pétitions que l'administration lui avait envoyées au sujet des élections, et qui n'étaient pas aussi pressantes.

Entre tems, l'exemple de quelques départemens voisins, mieux éclairés sur leurs véritables intérêts, avait animé plusieurs habitans de nos cantons les plus considérables par leur population. Malgré le défaut d'inscription civique, et voulant réparer leurs torts primitifs, ils cherchèrent par tous les moyens à se réunir en assemblées primaires : les uns s'adressèrent à cette fin à celles en activité, et qui étaient incompétentes pour faire droit à leur réclamation ; les autres, aux corps administratifs, qui ne pouvaient s'écarter des principes que l'administration centrale leur avait prescrit. Enfin dans les cantons ruraux, des habitans se rassemblèrent de fait et pêle-mêle jusques dans les cabarets, et nommèrent à trente ou quarante, trois, quatre ou plusieurs électeurs ; à Boom même on prétendait annuller la première assemblée primaire, parce que tous les habitans n'y avaient point été admis ni appellés.

Partout on n'a pas manqué de mettre en avant l'imposant prétexte de l'expression générale de la volonté du peuple ; mais nulle part ce prétendu et respectable vœu ne s'est manifesté ; j'ai vu seulement qu'une affaire de cette importance a été conduite par des *êtres insignifians*, ou *des intriguans ambitieux*, qui n'inspiraient que de la pitié.

A Malines, nonobstant l'existence d'une première assemblée primaire qui avait déja fait choix de deux électeurs, une partie du peuple inconstitutionnellement et illégalement convoquée, par l'effet d'une fausse interprétation de l'arrêté que l'administration du département avait pris le 18 germinal sur la pétition de la municipalité de cette commune, se réunît le 19 dans des couvens supprimés, et nomma à la hâte, pendant la nuit même, encore une douzaine d'électeurs. Il serait peut-être à propos de m'expliquer ici sur la manière dont ces assemblées ont été menées, mais mon respect pour la souveraineté du peuple m'impose silence.

Je ne m'étendrai pas non plus sur l'irrégularité des opérations de plusieurs autres assemblées primaires, il suffira de dire que quelques-unes ne comprenant que vingt, trente, ou cent individus ayant droit de voter, n'en ont pas moins nommé des électeurs ; et que les autres, composées de citoyens qui s'étaient inscrits

après le 1 germinal , ont également fait toutes les no-
minations qu'elles croyaient leur appartenir : je citerai
les cantons de Contich , Turnhout , Boom , Lierre,
etc. , etc.

Le 20 germinal est l'époque désignée par la constitution , pour la réunion de l'assemblée électorale ,
l'administration avait , à cet effet , indiqué et fait pré-
parer au chef-lieu du département, un local dans le
couvent des ci-devant Carmes déchaussés , le nombre
des électeurs qu'elle croyait légalement nommés , était
de dix-huit à vingt.

Lors de la première assemblée qui , d'après la loi
du 5 ventôse , devait se tenir à onze heures du matin,
une foule de personnes entra dans ledit local , et cha-
cun déposa sur le bureau ses prétendus pouvoirs.
On procéda à l'appel nominal , et à son issue le bureau définitif étant formé , l'assemblée s'ajourna jus-
qu'au lendemain.

Dès ce moment il était visible, que le nombre de
douze électeurs de Malines , dont j'ai parlé ci-dessus,
avec celui des électeurs ruraux nommés de la même
manière , devait l'emporter sur les électeurs nommés
par chacune des assemblées primaires , fixées par notre arrêté du 25 ventôse.

Ceux-ci ne voulant point confondre leurs opérations
avec celles des électeurs qu'ils prétendaient être illégalement nommés , et voyant qu'il était inutile d'enta-
mer à cet égard des discussions , puisque le nombre
des illégaux (je les appelle ainsi pour les distinguer
des autres) leur était infiniment supérieur, (1) adressèrent le même jour, au nombre de 8 ou 10, une pé-

____

(1) Je dois observer à cette occasion que c'est une insigne absurdité de
permettre aux électeurs de participer à la délibération et au jugement relatifs
à leurs propres pouvoirs.

Je sais que cette lacune existait dans la constitution , mais le par. 3 chap.
11. de la loi du 5 ventôse , y a bien mal suppléé , et a dû causer bien de
troubles.

lition à l'administration centrale, afin d'obtenir un autre local , et une force armée suffisante pour mettre
leurs opérations à l'abri de toute insulte et entrave.

L'administration , ignorant absolument tout ce qui
s'était passé dans l'assemblée du matin , leur déclara,
» que par son arrêté du 10 germinal , elle n'a entendu
» assigner le local des Carmes déchaussés , pour la
» tenue de l'assemblée électorale du département des
» deux Nêthes , qu'aux seuls électeurs nommés par
» les assemblées primaires indiquées par son arrêté
» du 25 ventôse , et que par conséquent, lorsque ces
» électeurs se seront constitués en assemblée électo-
» rale dans ledit lieu, elle s'empressera de faire droit
» à leur demande relative à une force armée suffi -
» sante pour garantir la liberté de leurs opérations ».

Le lendemain vers dix heures du matin , nous re-
çûmes une lettre de la part du président, secrétaire
et scrutateurs provisoires de l'assemblée électorale
séante aux Carmes déchaussés , elle annonçait que
cette assemblée était constituée, et fit la demande de
la force armée, ce que l'administration ne pouvait re-
fuser sans compromettre sa résponsabilité.

J'ai dit que la première assemblée , dont je n'ai
connu les opérations que par la suite, s'était ajournée
au 21 à dix heures du matin ; en effet, un peu après
cette heure , une partie de ces électeurs se présenta
en masse audit local qui était fermé, et où on avait
placé un avis portant, "que l'assemblée électorale qui
» s'était définitivement constituée sous la présidence
» du citoyen *Charles d'Or*, aurait reçu toutes les ré-
» clamations individuelles , soit en personne ou
» par écrit, de la part de ceux qui prétendaient
» avoir droit d'y assister; mais que, vu le grand nom-
» bre de personnes se disant électeurs , qui s'étaient
» intrus le 20 germinal, elle déclarait ne pouvoir écou-
» ter les réclamations qui se feraient en masse ou par

» députation, puisqu'ils prétendaient sans doute juger
» dans leur propre cause » (1).

On m'a assuré que quelques électeurs légalement
nommés, qui s'étaient individuellement rendus au lieu
des séances, ont été invités d'y prendre place, mais
qu'ils s'y sont refusés; au reste, l'assemblée a rempli
à cet égard tous ses devoirs, elle a invité à différerentes reprises, à se rendre dans son sein, ceux dont
les pouvoirs étaient notoirement connus valides. Il en
conste par les procès-verbaux.

Le même jour, 21 germinal, le nombre d'électeurs
légaux réunis en assemblée électorale, était de quatorze, *et par conséquent de plus de deux tiers du total.*
Les cinq autres qui se trouvaient alors à Anvers, imbus
des mêmes principes, s'y seraient bientôt joints, si
un électeur *soulard* (car on en nomme de toute espèce) n'était parvenu perfidement à détacher de ses
collègues, trois électeurs de la campagne, qui, dès
cet instant, firent cause commune avec les illégaux.

Je sens combien tous ces citoyens devaient être affectés
d'avoir essuyé une exclusion momentanée, mais il y
avait (à mon avis) un moyen bien simple de concilier la chose, c'était de présenter leurs pouvoirs par
députation de deux membres ou par canton, sauf recours en cas de réjection au tribunal civil, puisque
ce recours paraît être permis par le § III, chap. II de
la loi du 5 ventôse, malgré la dernière disposition de
l'article 43 de la constitution.

Cette démarche ne leur a point plû, ils ont préféré
de demander au commandant de la place, et ensuite
au département, la force armée pour protéger leurs
opérations ; ils nous menacèrent de la peine de quinze
années de gêne prononcée par l'article 618 du code
des délits et des peines, et comme l'usage qu'ils au-

---

(1) (Voyez la note précédente.)

raient probablement fait de cette force armée, nous mettait évidemment dans le cas dudit article, nous avons cru plus à propos de ne point gêner les opérations de l'assemblée électorale séante aux Carmes, que d'être gênés nous-mêmes pendant quinze années.

Peu après, ils nous firent la réquisition d'un autre local pour se réunir, ou de retirer la force armée à ceux à qui la loi nous avait obligés de l'accorder. Il sera facile à concevoir que nous ne pouvions obtempérer à aucune de ces demandes, puisque l'administration n'avait reconnu, et ne pouvait reconnaître qu'une seule assemblée électorale déjà constituée. Enfin, il en est résulté que la ville d'Anvers a eu dans son sein deux assemblées électorales, une qui a commencé et achevé ses opérations dans le local indiqué par l'administration centrale ; et l'autre, véritablement postiche, n'a pas moins opéré à la *bonne auberge* de l'Ours.

Aussi en moins de 24 heures, l'Ours procréa des fonctionnaires de toute espèce, et l'assemblée fut si subitement dissoute, que les nouveaux élus n'ont pas eu le tems ni l'occasion, de s'expliquer sur leur acceptation.

Il n'en est pas moins vrai que cet évènement doit affliger tous les amis de l'ordre et de la chose publique, il eût été à désirer qu'au moins les 19 électeurs légalement nommés se fussent entendus, et que les autres eussent pris des mesures que les lois permettent dans ces circonstances.

Il est évident que l'amalgame des électeurs rendait la réunion de l'Ours plus considérable en nombre, mais lorsqu'on considère la population, on se convaincra que l'assemblée aux Carmes était plus forte en représentation ; il y avait dans celle-ci les électeurs d'Anvers, Malines. Willebroeck, Boom, Sainte-Catherine - Waver et Santhoven ; dans l'autre, ceux de Malines, Boom, Moll, Arendonck, Berchem, Contich, Lierre et Turnhout. Otez les cantons communs, il en restera six à l'Ours, et quatre aux Carmes, mais la population des quatre l'emporte sur les six d'au moins 40,000 ames, et par conséquent, dans la supposition même que tous les électeurs eussent été munis de part et d'autre des mêmes pouvoirs, et que leurs opérations se fussent faites dans les formes voulues par les lois et la constitution, on devrait encore prononcer pour l'assemblée qui s'est réunie aux Carmes.

L'on voit que la malheureuse scission qui a existé entre les électeurs du département des deux Nèthes, doit aussi sa cause au *profond silence* que le gouvernement a constamment gardé (je ne sais pos trop pourquoi) sur un objet aussi majeur ; les réclamations qui naîtront sans doute dè ce fâcheux accident, l'obligeront, j'espère. à s'expliquer d'une manière d'autant plus claire et positive, qu'elle pourra régler ensuite la conduite des administrations pour les élections futures.

Quant à celles qui ont eu lieu cette année dans notre département, je pense moi, qu'indépendamment de l'illégalité de la nomination de plus de trois quarts de ces électeurs, il n'est pas au pouvoir du Corps législatif d'approuver les opérations d'une assemblée qui s'est tenue *à l'auberge* contre le vœu des lois et de la constitution, et qui n'a pu être reconnue d'aucune autorité constituée. Il faudra bien plus d'efforts pour annuller le travail de l'autre, dont les électeurs ont été nommés par des citoyens inscrits au registre civique, et qui ont observé rigoureusement tout ce que les lois prescrivent en pareille circonstance ; mais ne doutons point que le Corps législatif ne trouve (s'il le veut) un moyen de cassation dans la trop faible représentation de cantons qui ont concouru à la nomination des autorités supérieures du département.

C'est peut-être le seul prétexte que l'on trouvera, mais il ne coûtera rien pour s'en servir. Au reste, quelque soit la décision, je fais des vœux pour qu'elle puisse contenter tous les partis, et éclairer mes compatriotes sur les avantages que le peuple trouvera désormais dans l'exercice de ses droits politiques.

ANTOINE-PHILIPPE DE MOOR.

Anvers 30 germinal, an V de la République française, une et indivisible.

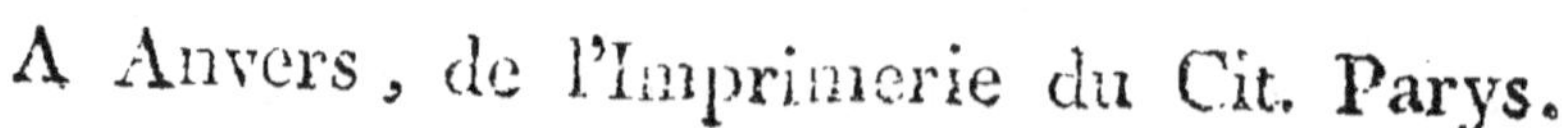

A Anvers, de l'Imprimerie du Cit. Parys.